화산은 어떻게 폭발할까?

뒹굴며 읽는 책 _ 과학, 재미있잖아!   이 시리즈는 호기심 많은 아이들이 세상에 대해 던지는 질문을 담았습니다. 각 분야의 과학자들은 아이들의 질문을 함께 토론하고 해답을 풀어가면서 알차게 이야기를 나누었지요. 이 책은 이들이 함께 나눈 대화의 결과물입니다. 아이들이 궁금해 하고 꼭 알아야 할 과학의 기본 개념을 아이의 눈높이에서 진지하고 재미있게 풀었습니다. 호기심의 씨앗에서 싹튼 작은 질문이 세상을 이해하고 배우는 첫걸음이 됩니다.

뒹굴며 읽는 책 ■ 과학, 재미있잖아!

화산은
어떻게 폭발할까?

글 자크-마리 바르댕제프 그림 방자맹 스트리클레 옮김 이효숙

다산기획

Les volcans et leurs éruptions
by Jacques-Marie Bardintzeff, Benjamin Strickler

All rights reserved.
Copyright ⓒ Le Pommier, 2008
Korean Translation Copyright ⓒ 2011 by DASAN Publishers House, Seoul, Korea
This Korean edition was published by arrangement with Editions Le Pommier, France
through Milkwood Agency, Seoul, Korea

이 책의 한국어판 저작권은 밀크우드 에이전시를 통한 Editions Le Pommier와의 독점 계약에 의하여 다산기획에 있습니다. 신 저작권법에 의하여 한국 내에서 보호를 받는 저작물이므로 무단 전재와 무단 복제를 금합니다.

차례

새벽 기차를 타고 출발! ● 7
일곱 명의 화산원정대 ● 10
화산은 무엇으로 되어 있을까? ● 12
화산은 정말로 위험할까? ● 24
화산, 이것이 궁금하다! ● 29
화산은 어떻게 형성될까? ● 38
화산은 무엇에 이용될까? ● 45
화산은 계속 된다 ● 47

실험① 화산 모형을 만들자 ● 48
실험② 마그마 저수지를 만들자 ● 50
세계의 화산들 ● 51
용어사전 ● 54
찾아보기 ● 59

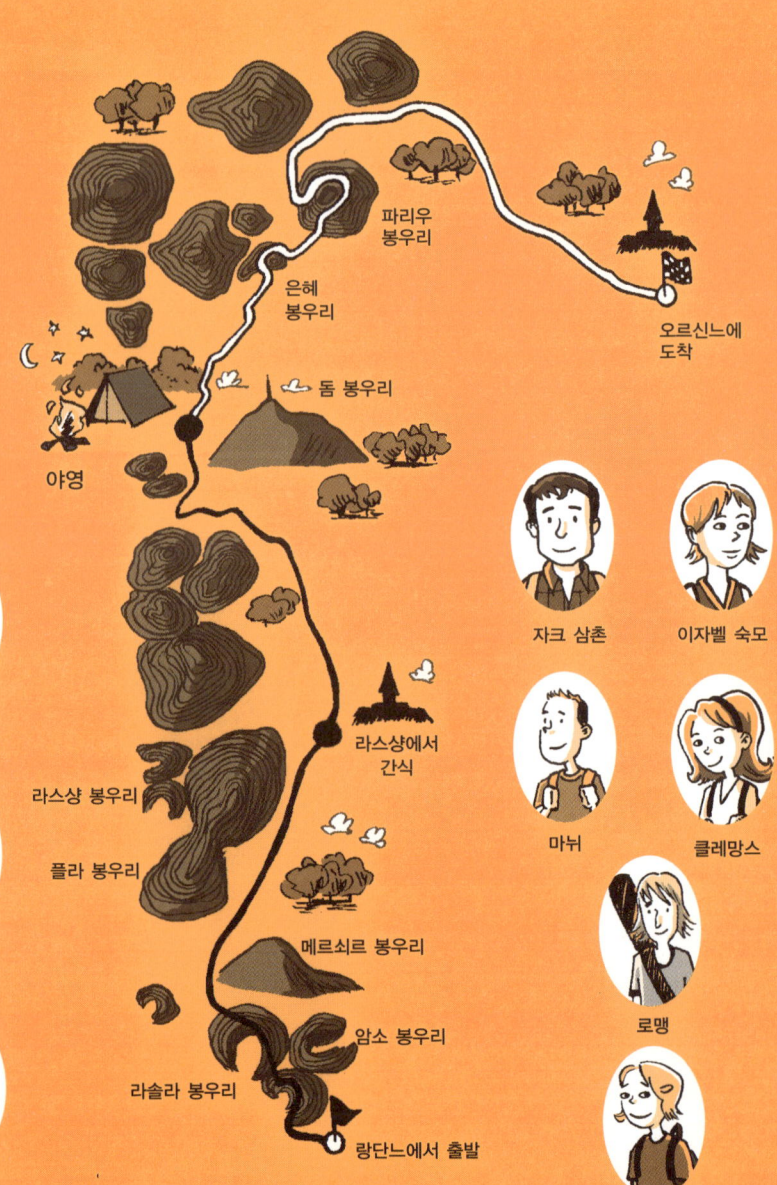

새벽 기차를 타고 출발!

토요일 새벽 5시. 시끄러운 알람 소리가 나와 동생 캉디스를 깨웠다. 나는 눈을 뜨자마자 들떠서 침대 밖으로 뛰쳐나왔다.

"서둘러. 기차가 정확히 6시 6분에 출발한단 말야!"

나는 아직 잠에서 덜 깬 눈을 비비고 있는 동생한테 소리를 질렀다.

"괜찮아, 언니! 난 어제 저녁에 다 준비해 놓았어."

아닌 게 아니라, 터질 듯 짐으로 가득 찬 가방 두 개가 현관 앞에서 우리를 기다리고 있었다. 우리는 서둘러서 아침을 먹고 매무새도 대충 가다듬었다.

드디어 그르노블 역으로 출발!

"마뉘, 로맹, 우리가 왔어!"

우리는 역 안에서 기다리던 사촌들에게 즐겁게 인사했다. 다른 가족도 곧 도착했다. 애므릭과 조슬랭. 애네도 함께 가기로 했다. 우리들은 부모님의 잔소리를 들으며 기차 안으로 뛰어들어갔다.

"클레망스, 마뉘! 우린 너희를 믿으마. 도착할 때까

지 동생들을 잘 돌보거라."

기차는 천천히 출발하여 이제르를 벗어나더니 점점 속도를 올렸다. 나이 어린 사촌들은 아직 뭐가 뭔지 어리둥절해 보였지만, 금세 큰 애들의 기대와 흥분에 전염되었다.

"도착하려면 아직 15분이나 더 가야 해. 참 멀다!"

마뉘가 한숨을 내쉴 때쯤, 기차가 리옹 역에 잠시 멈춰 섰다.

"저기 죽 늘어선 우스꽝스런 산들 좀 봐!"

로맹이 창밖을 가리키며 말했다.

애므릭은 아예 창문에 코를 박고 있다. 어마어마하게 크고 둥근 산꼭대기와 작고 뾰족뾰족한 산꼭대기가 늘 보던 알프스의 산들과는 완전히 달랐던 모양이다.

일곱 명의 화산원정대

오전 10시 21분, 기차가 클레르몽-페랑 역에 도착했다. 창문으로 자크 삼촌과 이자벨 숙모가 보였다. 옆에는 사촌인 자드도 보였는데, 자드는 파리에서 왔다. 모두들 웃으며 인사하고 포옹하느라 역 안이 시끌벅적했다.

'일곱 명의 화산원정대'가 이제 모두 모였으니, 모험에 뛰어들 준비가 다 된 것이다. 자크 삼촌은 나이 많은 아이부터 한 명씩 불렀다. 타는 듯이 붉은 머리카락에 언제나 활기가 넘치는 클레망스(바로 나), 여러 차례 우승컵과 메달을 딴 운동선수인 마뉘, 음악을 좋아하고 컴퓨터 전문가인 로맹, 가장 조용하지만 가장 영리한 캉디스, 앵두처럼 입술이 뾰로통하고 유행에 민감한 자드, 공룡 이름을 죄다 외우는 작고 동그란 안경을 쓴 애므릭, 마지막으로 장난꾸러기인 가장 어린 동생 조슬랭. 우리는 9인승 미니버스에 모든 장비를 차곡차곡 실었다. 몇 달 전부터 계획하고 준비한 원정을 이제 시작한다!

자크 삼촌은 오래 전부터 화산을 연구해온 화산학자이다. 입을 벌린 분화구에서 연기를 뿜어내는 원뿔 모양의 화산을 찾아 세계 곳곳을 돌아다닌다. 강연할 때마다 학생들이 감탄했다던 영화와 사진을 보여 주면서, 우리  한테도 화산을 구경시켜 주겠다고 약속한 적이 있었다. 바로 오늘이 그 약속을 지키는 날이다. 프랑스의 한복판에 있는 오베르뉴 지방으로 원정을 가게 된 것이다. 우리는 미니버스를 타고 역 남쪽으로 내려가다가 몇몇 마을을 지났다. 그리고 산 아래 주차장에 미니버스를 주차시켰다.

"다들 물통과 선글라스, 모자를 잘 챙겼지?"

자크 삼촌이 우리 모두에게 물었다. 우리는 가방을 메고, 운동화 끈을 조였다. 출발!!

화산은 무엇으로 되어 있을까?

 원정이 시작되었다. 우리는 나무가 늘어선 완만한 비탈길을 따라가다가 풍경이 온통 바위뿐인 평평한 곳에 도착했다. 어마어마하게 크고 불그스름한 바위덩이들이 보였다. 작은 애들은 신이 나서 이상한 돌들을 주워 모았다. 불그스름한 돌도 있었고, 어떤 돌은 검었다. 작은 구멍이 무수히 난 돌도 있었다.
 "이 바위들이 다 뭐야? 왠지 다 가벼워 보여요."
 마뉘가 놀라 물었다.
 "'스코리아'나 '포졸란'이라고 부르는 화산암들이야. 작은 구멍들은 기포였던 부분이지. 커다란 돌덩이는 흘러내린 용암이 굳어 버린 거란다."
 자크 삼촌이 설명해 주었다.
 "용암은 얼마나 커요?"
 캉디스가 물었다.
 "우리가 밟고 있는 이 용암은 길이가 15킬로미터나 돼. 어딘가에서는 나무가 자라기도 하지. 아이다 마을

근처를 지나가는 용암이라 '아이다 용암'이라는 이름이 붙었어. 나이는 8000살쯤 되었지. 그러니까 고대 이집트나 메소포타미아 사람보다 더 오래된 거야!"

삼촌 설명이 끝나기 무섭게 정확한 것을 좋아하는 애므릭이 물었다.

"용암은 몇 도나 돼요?"

"약 1000도쯤 된단다. 용암을 만드는 화산 분화를 '하와이 유형'이라고 해. 태평양 한가운데 있는 하와이 섬의 화산이 분화할 때의 모습과 비슷해서 그렇게 부르게 되었단다."

우리는 삼촌의 설명을 귀 기울여 들었다.

삼촌이 가방에서 지질학자용 망치를 꺼냈다. 우리 모두 그 망치를 만져보고 싶어 하는 바람에 망치가 이 손 저 손으로 옮겨졌다.

"너무 무거워!"

다들 망치를 들고 낑낑대자 삼촌이 웃으며 말했다.

"무게가 1.5킬로그램이나 돼. 절대 깨지지도 않고, 평생 품질 보증이지. 하지만 여러 화산을 돌아다니다가 많이도 잃어버렸으니…… 평생 보증이라고는 못 하겠지? 암튼 화산학자는 암석을 깨봐야 해. 이렇게 속 안이 완전히 까맣고 칙칙한 암석은 '현무암'이란다. 화산암 중에서 가장 흔한 거지."

내가 돌덩이를 깨보고 싶어 하자, 자크 삼촌이 해보라고 했다. 온 힘을 다하여 돌을 내리쳤다.

"우아, 진짜 딱딱해!"

힘들어 하는 나를 보면서 마뉘가 물었다.

"화산암은 무엇으로 되어 있어요?"

"음, 그건 돋보기로 들여다볼까? 가장 가까이에 있는

화산암부터 보자."

우리는 한 명씩 돌아가면서 돋보기로 화산암을 들여다보았다.

"검은색의 작은 직사각형들이 반짝거리는 것처럼 보여요!"

관찰력이 있는 자드가 돋보기에서 눈을 떼며 말했다.

"현무암 속에 있는 그 작고 반짝이는 검정색 광물이 '휘석'이란다."

우리는 화산학자가 무슨 일을 하는지 알 것 같았다. 화산학은 지질학의 한 분과이니, 지질학자가 무슨 일을 하는지도 자연스럽게 알게 되었다.

"우리 바로 앞에 있는 산꼭대기가 뭐 같니?"

삼촌이 산꼭대기를 가리키며 우리한테 물었다.

"화산이요!"

합창하듯 우리는 한 목소리로 대답했다.

"확실히 알아보려면 꼭대기까지 올라가는 게 좋겠다!"

우리는 비탈길을 오르기 시작했다. 오솔길은 깎아지

른 듯 가팔라서 앞으로 나아가기가 굉장히 힘들었다. 통나무로 된 계단 같은 것들이 있었지만, 어린 조슬랭의 짧은 다리로는 너무 높아 숙모가 뒤에서 받쳐 주어야 했다. 반 시간쯤 애쓰고 났더니 다리가 뻣뻣해지고 숨이 좀 찼다.

"자, 암소 봉우리 꼭대기에 도착했어. 우린 지금 해발 1167미터 높이에 있단다."

삼촌이 목에 걸린 고도계를 들여다보며 말했다.

"하지만 암소는 못 봤는걸."

조슬랭이 아쉬워하자, 캉디스가 미소 지으며 대답했다.

"이쪽에 한 마리가 있었을 거야, 아주 옛날에."

"화산이 산보다 더 높을 수 있나요?"

동그란 안경을 추켜올리며 애므릭이 물었다.

"가장 높은 화산은 남아메리카 대륙의 안데스 산맥에 있는 화산들이란다. 7000미터에 달하지. 하지만 지구에서 가장 높은 산인 에베레스트보다는 낮아."

원정 내내 조용히 삼촌의 설명을 듣던 자드가 꿈꾸듯

이 말했다.

"굉장한 풍경이에요. 마치 달에 온 것 같아요! 삼촌, 그런데 화산들은 어떻게 만들어지는 거예요?"

"이 화산은 '화산탄'이 쌓여서 만들어진 거야. 모양이 원뿔형이라서 '스트롬볼리 유형'이라고 해. 왜냐하면 아주 유명한 이탈리아 화산인 스트롬볼리 산의 분화와 비슷했거든."

"그럼 화산은 모두 비슷한가요?"

이번엔 내가 삼촌한테 물었다.

"아니, 다르게 분화하는 화산도 있어. '화산재'라는 미세한 암석 알갱이를 만드는 분화는 역시 이탈리아에 있는 불카노 화산의 이름을 따서 '불카노 유형'이라고 해. 또 다른 것들은 나중에 얘기해 줄게. 자, 너희 앞에 있는 커다란 구멍은 화산의 분화구야. 그런데 이 분화구는 동그란 모양이 아니지? 말의 편자 모양처럼 생겨서 '파열'된 분화구라고 해. 분화구의 열려 있는 부분으로 용암이 흘러서 지나갔단다."

"우리 뒤에 있는 꼭대기는 뭐예요?"

캉디스가 반대편을 가리키며 물었다.

"돔 봉우리야. 1465미터로 이 지역에서 가장 높은 곳이지."

그 순간, 배고픔이 느껴졌다. 이제 샌드위치를 가방에서 꺼내야 할 때가 된 것이다.

"화산 꼭대기에서 점심을 먹다니, 정말 멋져요!"

로맹이 신나서 말했다.

디저트까지 먹고 나자, 삼촌이 우리한테 주의를 주었다.

"쓰레기를 조금이라도 버리면 안 돼. 여기 오베르뉴 지방의 화산은 자연보호구역이란다."

이제는 반대쪽 울퉁불퉁한 길로 수십 미터를 내려가서 작은 봉우리까지 가야 한다. 숙모는 미니버스가 있는 쪽으로 가느라 우리와 헤어졌다. 나중에 다시 만나겠지?

"우리는 이제 두 번째 화산인 라솔라 봉우리로 갈 거야. 암소 봉우리와 쌍둥이인 라솔라 봉우리는 1187미터로 좀 더 높아."

삼촌이 다음 목적지를 설명해 주었다. 화산암 더미가 쌓인 길로 내려오는 것은 올라갈 때보다 훨씬 쉬웠다. 하지만 발목이 삐지 않게 조심해야 했다. 조그만 돌멩이들이 신발 속으로 들어가기도 했다. 못된 돌멩이들 같으니라고!

어느덧 화산 기슭에 도착했다. 이제부터는 기분 좋은 길이다. 전나무 숲으로 가볍게 내려갔는데, 나무들 사이로 어렴풋이 메르쇠르 봉우리와 플라 봉우리가 보이는 듯했다.

갑자기 이상한 소리와 함께 으르렁거리는 소리가 숲에서 들려왔다. 그 소리는 점점 다가오더니 아주 가까워진 것 같았다. 맨 앞에서 걷던 삼촌이 몸을 웅크리고 손가락을 입에 갖다 대며 조용히 하라는 신호를 보냈다. 모두가 숨을 죽였다.

우리와 20미터도 안 떨어진 곳에서 뚱뚱한 엄마멧돼지가 위풍당당하게 길을 건너고 있었다! 그 뒤로 줄무늬 털의 새끼멧돼지가 종종걸음으로 엄마멧돼지를 따라가고 있었다. 그 다음에는 두 번째 새끼멧돼지가, 그리고 세 번째…….

앗, 여덟 마리나 되네!

멧돼지들은 우리가 놀란 눈으로 멍하니 바라보는 가운데 나무들 사이로 유유히 사라졌다.

저 멀리에서 사람 모양의 무언가가 우리에게 손을 흔드는 것 같았다. 좀 더 다가가니 숙모였다. 숙모가 오렌지 주스와 초콜릿 빵을 간식으로 준비해 놓고 우리를 기다리고 있었다.

돔 봉우리 방향으로 올라가는 길은 평평하지 않아서 매우 힘들었다. 하지만 웅장한 정상이 서서히 가까워지는 느낌이었다.

"별로 화산 같지가 않은걸! 이것도 화산이에요?"

캉디스가 조금 실망한 목소리로 물었다.

"물론 화산이야. 하지만 암소 봉우리와는 아주 다르지. 더 가까이 가서 보자구나!"

피곤했지만, 눈앞에 나타난 언덕을 또 기어 올라가야 했다.

"바위가 완전히 달라요. 거의 하얀색이야!"

나도 모르게 큰 소리로 말했다.

"이것도 굳어진 용암이란다. 돔 봉우리에만 있는 유형이지. 여기 있는 암석은 '조면암'이라고 한단다. 보다시피 돔처럼 둥근 모양이지? 뾰족한 원뿔 모양과는 달라. 분출된 용암이 아주 끈적끈적해서 잘 흘러내리지 못하고 돔 모양처럼 된 거란다. 그래서 정상에 분화구가 없어."

둥근 모양의 돔 봉우리가 우리를 굽어보고 있었다.

"원뿔 모양의 화산이 많은가요, 아니면 돔 모양의 화산이 많은가요?"

로맹의 질문에 삼촌이 대답하였다.

"원뿔 모양이 훨씬 많아. 우리는 지금 남쪽에서 북쪽으로 가면서 죽 이어지는 봉우리들의 일부분을 보고 있단다. 길이는 40킬로미터 정도이고, 화산 100여 개가 죽 이어져 있지. 그런데 거의 대부분이 원뿔 모양이란다. 10여 개 정도만 돔 모양이야."

화산은 정말로 위험할까?

 우리는 돔 봉우리 기슭에서 아름다운 초록빛 평원을 만났다. 이제 텐트를 치고, 맛있는 저녁 식사를 준비해야 할 시간이다. 저녁나절에 상현달이 지평선 너머로 지고 있을 때, 우리는 둥그렇게 앉아서 이야기를 나누었다. 주제는 당연히 화산이다. 통통한 아저씨 같은 돔 봉우리의 실루엣이 뚜렷이 드러났다.
 "화산은 정말로 위험한가요?"
 돔 봉우리를 보고 있자니 궁금증이 생겨서 삼촌에게 물었다.
 "그래, 돔 봉우리도 얌전하지는 않았을 거야. 약 1만 년 전에 거대한 분화가 있었어. 화산재들이 아마 스위스까지 날아갔을걸!"
 "그러면 화산은 큰 피해를 주겠네요?"
 동그래진 눈으로 로맹이 말했다.
 "그래. 돔 봉우리의 분화는 1902년에 있었던 서인도 제도 마르티니크의 펠레 산 분화와 비슷했어. 펠레 산은 5월 8일 오전 8시 1분에 지옥처럼 흔들리더니 어마어마한 열운을 뿜어냈단다. 화산재들과 돌덩이들이 시속 500킬로미터의 속도로 퍼져가며 불타올랐지. 그 지역과 근처에 살던 주민 2만 8000명이 순식간에 목숨을 잃었단다."

"모두 다 죽었어요?"

마뉘가 불안해하며 물었다.

"거의 다. 단 두 명만 기적적으로 살아남았으니까. 한 명은 가게에 있던 구두 수선공이었고, 다른 한 명은 감옥에 있던 죄수였어. 그 후로 열운이 분출되는 화산을 묘사할 때 '펠레 유형'이라고 해. 펠레 산의 재난은 한 세기도 더 지난 일이야. 그때는 화산에 대한 지식이 별로 없어서 화산이 폭발하리라는 것을 아무도

예견하지 못했어. 하지만 오늘날에는 미리 알고 준비할 수 있어. 화산학자들이 주민들에게 안전하게 대피할 수 있도록 미리 알려줄 거야."

덩달아 불안해하는 우리에게 삼촌이 자세하게 얘기해 주었다.

우리는 너무 놀라서 한 마디도 못하고 삼촌의 이야기를 들었다. 특히 나이 어린 사촌들이 충격을 받은 것 같았다.

"돔 봉우리도 깨어날 수 있나요?"

삼촌은 여전히 불안해하는 우리를 다독여주었다.

"걱정 마. 돔 봉우리는 지금 깊이 잠들어 있으니까!"

삼촌은 분위기를 풀려고 다른 이야기를 들려주었다.

"이번 이야긴 슬프게 끝나지 않아. 그리스 신화의 헤파이스토스와 비너스 이야기야. 시작은 조금 안 좋아. 헤파이스토스는 태어났을 때부터 아주 못생겨서 화산 밑에 숨어 살았단다. 거긴 아무도 오고 싶어 하지 않는 곳이었어. 못생겼지만 무척 똑똑하고 부지런한 헤파이스토스는 눈이 하나뿐인 거인 키클롭스의 도움으로 화산 밑에다 어마어마하게 큰 대장간을 만들었지. 그러자 여기저기서 주문이 들어왔단다. 헤파이스토스는 바다의 신 포세이돈에게 삼지창을 만들어 주고, 헤라클레스에게는 갑옷을, 아킬레우스에게는 방패를, 신들의 왕인 제우스에게는 벼락을 만들어 주었지. 헤파이스토스는 모두의 인정을 받아 불과 금속의 신이 되었어. 그리고 세상에서 가장 아름다운 여인인 비너스와 결혼하게 되었단다. 자, 이제 잘 시간이구나."

조슬랭은 이자벨 숙모의 품안에서 이미 잠들어 있었다. 우린 텐트 네 개에 나뉘어 들어갔다. 두 개는 남자

화산이 분화하기 시작하리라는 것을 어떻게 알 수 있을까?

화산 활동을 더 잘 관측하기 위해 화산학자들은 암석과 가스를 채취한다. 화산을 관측하는 기구로 땅속 깊은 곳에서의 움직임을 기록할 수도 있다. 지진계는 분화하려는 화산의 가벼운 떨림과 아주 미세한 지진도 기록한다. 화산이 분화하기 전에 살짝 변형되는 것도 기록할 수 있다. 몇 밀리미터만 부풀어 올라도 측정할 수 있어서, 화산 분화를 충분히 예견할 수 있다.

애들, 한 개는 여자애들, 나머지 하나는 삼촌과 숙모 차지였다. 숨죽인 채 소곤소곤 킥킥대던 소리들은 금세 멈추었고, 우리의 작은 임시 마을은 은하수 아래서 깊이 잠들었다.

화산, 이것이 궁금하다!

다음 날, 일어나 보니 풀이 이슬에 젖어 있었다. 운동화를 신는 일조차 버거울 정도로 몸이 무거웠지만, 뜨거운 코코아가 우리에게 힘을 주었다. 텐트를 정리하고, 그 자리를 원래대로 깨끗하게 해 놓았다. 숙모는 미니버스를 타고 다시 출발하여 도착하는 곳에서 우리를 기다리기로 하였다.

우리는 길을 나섰다. 작은떨기나무 지대를 지났더니 왼쪽으로 몇백 미터 떨어진 곳에 작고 둥근 화산이 있었다. '꼬마 쉬셰'라고 부르는 은혜 봉우리였다.

"저기로 올라가면 어떨까요?"

나는 은혜 봉우리를 가리키며 삼촌에게 제안하였다.

"가고 싶은 사람?"

삼촌이 다른 아이들에게도 물었다. 당연히 모두 가고 싶어 했다. 올라가는 것은 별로 힘들지 않았다.

"여기 암석도 돔 봉우리의 암석처럼 흰색이네요."

자드가 암석들을 살펴보며 말했다. 조금 있다 우리는

화산 안에 패여 있는 작은 동굴을 발견하였다. 삼촌은 그 동굴이 예전에 돌을 캐던 채석장이었다고 일러 주었다. 애므릭은 이번에도 숫자와 관련된 질문을 했다.

"전 세계에 활화산이 몇 개나 있어요?"

"대륙들에 약 1600개 정도 있단다."

그러자 화산이 분화하는 것처럼 질문이 쏟아졌다. 마뉘가 먼저 물었다.

"화산이 제일 많은 나라는 어디예요?"

"아마도 인도네시아일 거야. 일본에도 많고."

"그렇다면 화산이 없는 나라도 있나요?"

이어서 자드가 질문하였다.

"응, 스위스나 스웨덴에는 화산이 없어. 하지만 대부분의 지역에서 화산을 볼 수 있단다. 태평양 주변에 특히 많고, 더운 나라와 추운 나라에도 있어."

"1년에 몇 번이나 화산이 분화하나요?"

뒤질세라 로맹도 질문 대열에 끼어들었다.

"해마다 대륙에서 대략 50번쯤 화산이 분화해. 여름이나 겨울이나 마찬가지야. 그 중 절반 정도는 아시아에서 일어나."

"한 번 분화하면 몇 시간 동안 지속되나요?"

캉디스의 질문이 이어졌다.

"보통은 며칠 동안이야. 평균 2주 정도. 하지만 어떤 화산은 10년 이상 계속 분화하기도 했어!"

수영을 좋아하는 자드가 다시 물었다.

"바다에도 화산이 있나요?"

삼촌은 좋은 질문이라는 듯이 고개를 끄덕이며 대답해 주었다.

"응, 화산은 땅 위보다 바다 밑에 더 많은걸. 놀랍지? 해저 화산이 아마 5000개에서 1만 개 정도 될 거라고 생각한단다."

이어서 애므릭이 질문하였다.

"화산이 섬도 만드나요?"

"응, 어떤 해저 화산은 너무 커져서 물 밖으로 튀어나와 섬을 만들지. 앤틸리스 제도, 레위니옹 섬, 타히티 섬, 하와이, 울릉도……, 이런 섬들은 화산으로 만들어진 대표적인 섬이야. 아이슬란드와 포르투갈의 아소레스 제도에서는 대서양에서 분화하는 화산들도 보았단다."

우주항공사를 꿈꾸는 내가 물었다.

"다른 행성에도 화산이 있나요?"

삼촌이 대답했다.

"응. 화성에도 화산이 있고, 목성의 몇몇 위성에도 화산이 있어. 어쩌면 2050년쯤엔 그 화산들을 보러 가게 되지 않을까?"

미래에는 좀처럼 관심이 없는 마뉘가 물었다.

"지금까지 가장 크게 분화한 화산은 어떤 산이에요?"

"어떤 화산은 정말로 격렬하게 폭발했단다. 30킬로미터, 심지어는 50킬로미터 높이까지 가스와 재를 뿜어냈지! 1991년 필리핀의 피나투보 화산도 그랬어. 1815년에 분화한 인도네시아의 탐보라 화산은 역사상 가장 많은 인명 피해를 주었어."

"저는 폼페이 사진을 본 적 있어요!"

애므릭이 자랑스럽게 말했다.

"그래, 로마 제국의 도시였던 폼페이도 79년에 베수비오 화산 때문에 파괴되었어. 지질학자들은 다양한 지역에서 더 오래되고, 어마어마한 화산 퇴적물을 발견하기도 했어. 미국의 옐로스톤, 인도네시아의 수마트라, 뉴질랜드 등에서 말야. 탐보라 화산보다 열 배 내지 스무 배 정도 더 강력하게 폭발해서 생긴 퇴적물들일 거야! '대형 화산'이 만든 '대형 분화'이지."

애므릭이 자기가 좋아하는 공룡 이야기를 슬쩍 꺼냈다.

"삼촌, 공룡이 화산 때문에 멸종되었다는 게 사실이에요?"

"굉장히 큰 화산이 분화할 때, 화산재가 하늘을 시커멓게 뒤덮고 태양을 가리는 바람에 지구의 표면 온도가 내려갔어. 기온이 떨어지자 눈도 내리고……. 그야말로 '화산 겨울'이 시작되자 식물과 동물이 죽게 되었지. 그렇다면 공룡이 화산 때문에 희생되었을까? 아니면, 다른 지질학자들이 생각하는 것처럼 커다란 운석이 떨어져서 그런 걸까? 어쩌면 두 현상이 거의 동시에 일어나지는 않았을까? 어쨌든 확실한 것은 공룡이 지구에서 1억 년 이상 군림하다가 6500만 년 전, 제2기 말에 사라져버렸다는 사실이야."

기술에 관심이 많은 로맹이 물었다.

"용암이 흐르는 걸 막을 수 있는 방법이 있나요?"

"그건 아주 힘들단다. 에트나 산에서 흘러내려오는 용암을 막아 보려고 소방대원들과 군인들이 길이 234미터, 높이 21미터 규모의 거대한 흙댐을 세웠지만 소용이 없었어. 용암은 끈질기게 흘러내려서 그 댐을 넘어 버렸단다."

삼촌의 말에 귀 기울이던 자드가 물었다.

"혹시 화산이 해일도 일으킬 수 있나요?"

"불행하게도, 그렇단다. 해안에 있거나 섬을 형성하는 화산의 거대한 분화는 '해일' 이나 '쓰나미' 라는 어마어마한 지진해일을 만들어 낼 수 있어. 그러면 큰 파도가 해안가로 몰려들게 되지."

그때, 캉디스가 기발한 상상을 했다.

"그럼 바닷물이 화산의 불을 꺼버리겠네요?"

"정반대란다! 빗물이든, 호수의 물이든, 바다의 물이든 간에 물이 뜨거운 화산 열을 만나면 부분적으로 증

발하면서 더 강하게 폭발하게 되지. 거대한 압력밥솥처럼 말야!"

마뉘가 조심스럽게 질문하였다.

"그러면 화산이 지진을 일으킬 수도 있나요?"

"아니, 화산이 활동할 때 기록된 지진은 대수롭지 않았단다. 인명 피해가 많은 지진은 화산과는 직접적인 연관이 없었지. 그런데 화산과 지진 두 현상 모두의 공통 원인은 바로 땅의 '분노'라는 점이야."

"일본 같은 나라들은 화산과 지진 두 가지를 모두 겪어. 하지만 파키스탄 같은 나라들은 격렬한 지진이 일어나지만 화산은 없단다."

화산은 어떻게 형성될까?

 우리는 계속 앞으로 나아갔다. 완전한 원뿔 모양의 파리우 봉우리가 나타났다. 기슭에선 통통하게 살찐 양들이 풀을 뜯어먹고 있었다. 가파르고 좁은 오솔길이 나타났다. 화산 돌들이 발아래서 데구루루 굴렀다. 길이 159미터의 울퉁불퉁한 길을 오르는 일은 몹시 힘들었다. 정상에 오르니 둥그런 분화구가 입을 쩍 벌리고 있었다. 우린 모두 나란히 앉아 다리를 분화구에 내려뜨리고 흔들거렸다. 하늘은 찬란한 파란색이었다. 그렇게 쉬면서 햇볕을 받는 게 얼마나 좋은지! 마치 꿈꾸는 것처럼 행복했다.

 삼촌이 느닷없이 말했다.

 "8000년 전에 이 화산이 활활 분화하던 모습을 상상

해 보렴."

삼촌 말이 끝나기 무섭게 캉디스가 물었다.

"화산은 어떻게 생겨나요?"

"멕시코에 생겨난 화산 파리쿠틴의 역사를 얘기해 줄게. 1943년 2월 20일이었어. 농부인 디오니소 푸블리도는 그날도 옥수수 밭을 갈고 있었지. 그런데 땅이 갈라지는 것을 보게 된 거야. 처음에는 이상하다고 생각했지만 점점 두려워졌어. 갈라진 땅에서 가스가 새어 나왔거든. 디오니소는 가족과 이웃에게 알렸어. 모두들 깜짝 놀랐지. 조금 지나자, 화산암 찌꺼기들로 된 작은 원뿔 모양의 산이 점점 커지기 시작했어. 반나절만에 10미터나 커졌지. 하루가 지나자 30미터, 한 달 사이에 148미터, 1년이 지나자 336미터가 되었단다.

화산은 9년 동안 분화했어. 1952년 3월 4일까지 계속되었지. 원뿔의 높이는 424미터에 달했단다. 용암이 마을 전체를 뒤덮었고, 교회만 삐죽이 서 있었어. 다행히도 주민들은 피난 갈 시간이 있었지. 그 후 주민들은 더 크고 아름다운 다른 도시를 건설해서 '산후안 누에보'라고 이름 지었어."

먹는 걸 좋아하고, 재미있는 소리도 곧잘 하는 로맹이 가방에서 시리얼 바를 하나 꺼내면서 말했다.

"옥수수가 팝콘이 되었을 거야, 그치?"

"파리우 화산도 파리쿠틴처럼 생겨났을 거야. 어쩌면 선사시대 사람들이 지켜보는 가운데 생겨났을 수도 있어. 겨우 몇 달 동안만 분화했지만……."

그러자 애프릭이 물었다.

"화산의 용암은 어디에서 나오는 거예요?"

"화산은 우리 발밑 100킬로미터 떨어진 곳에서 시작돼. 그 깊은 곳에서는 바위들이 녹으며 '마그마'라는 액체를 만들지. 마그마는 가벼워서 표면으로 올라오다가 화산이 분화할 때 다양한 방식으로 치솟게 된단다."

조용히 듣고 있던 자드가 물었다.
"분화에는 어떤 유형이 있나요?"
"크게 두 가지로 나눌 수 있단다. 용암이 흘러내리는 분출형 분화로 하와이 유형이라고 해. 그리고 화산탄, 바윗덩어리, 재, 열운 등이 터져 나오는 폭발형 분화가

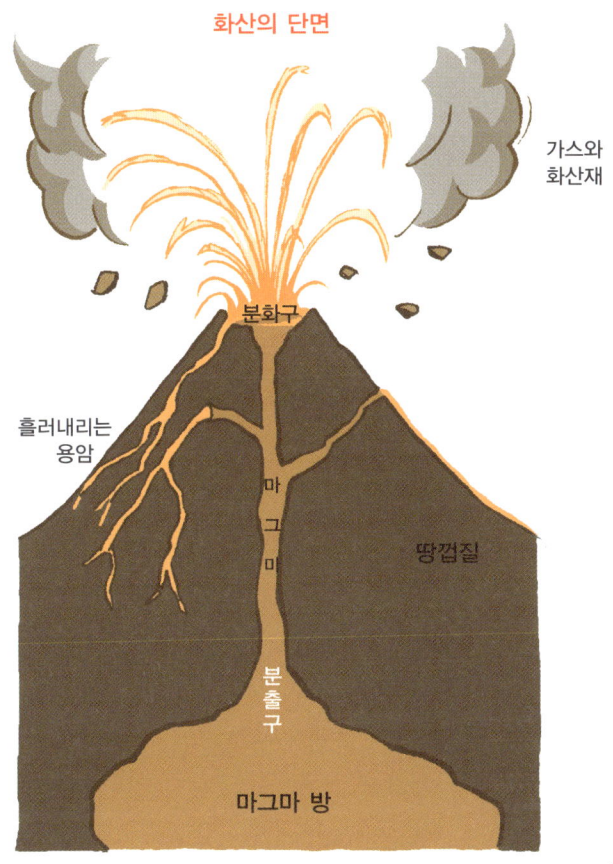
화산의 단면

있는데, 이건 스트롬볼리, 불카노, 플리니우스, 펠레 유형으로 다시 나뉜단다."

삼촌이 이제 일어나자고 하면서 말했다.

"얘들아, 분화구 속으로 내려가 볼까? 이미 꺼진 화산이니 괜찮아. 깊이가 80미터에 지름이 340미터이니까 에펠 탑보다 더 크단다."

모두들 조심스럽게 내려가다 보니 생각보다 시간이 꽤 걸렸다. 분화구 깊숙한 곳으로 들어가자, 화산 꼭대기가 엄청 멀어 보였다. 다시 가파른 비탈을 올라가려면 무지 힘들 텐데! 게다가 문명과 만나려면 파리우 봉우리에서 다시 내려가야 하고! 하지만 우린 지금의 마법 같은 순간이 더 길었으면 좋겠다고 생각했다. 하늘과 땅 사이에서 화산학자인 삼촌의 재미있는 이야기를 들으면서…….

"오베르뉴의 화산들은 완전히 꺼진 거예요? 아니면 언젠가 다시 깨어날 수도 있나요?"

나는 올라갔던 화산들을 떠올리며 물었다.

"화산도 사람과 같단다. 태어나고, 자라고, 살고, 잠

자고, 죽으니까. 그런데 화산은 지리적 리듬에 따르지. 인간의 하루는 화산으로 치면 몇 세기, 또는 수천 년이 될 수도 있어. 오베르뉴에서는 마지막 분출로 파뱅 호수의 분화구가 생겼는데, 겨우 6000년 전으로 거슬러 올라간단다. 그런데 더 오랫동안 잠들어 있다가 깨어나는 화산도 있어. 그렇다면 오베르뉴 화산들은 그저 잠들어 있는 걸까? 아니면 죽어가는 중일까? 그것을 알려면 아직도 5만 년은 더 기다려야 해! 하지만 안심하렴. 오베르뉴 화산들이 깨어나는 것은 미래에 벌어질 일일 테니까. 오늘날의 일은 절대로 아니란다. 작은 지진들과 몇 밀리미터씩 땅이 변하는 것, 화산 주변 지하수의 온도가 변하는 것처럼 화산이 깨어나기 전에 미리 알 수 있는 신호가 있단다."

화산은 무엇에 이용될까?

"왜 사람들은 화산 근처에 계속 살아요? 분화하면 무섭잖아요."

로맹은 도무지 알 수 없다는 표정으로 말했다.

"왜냐하면 화산 주변의 땅들이 화산재로 비옥해져서 농사가 잘 되거든. 그래서 화산은 위험하지만 이로움을 주기도 해. 또 화산암을 건물을 짓는 데 쓰려고 채취하는 사람도 있어. 놀랍지?"

"화산의 힘을 이용할 수도 있나요?"

캉디스가 이어 물었다.

"응. 화산의 막대한 에너지 중 일부를 이용하려고 연구하는 사람도 있어. 화산 밑 땅속의 열을 '지열'이라고 하는데, 다른 재생 에너지들과 함께 이 지열 에너지를 석유 대신 사용하게 될 날이 곧 올 거야. 석유가 줄어들기 시작할 테니까."

광물을 수집하는 자드가 물었다. 그런데 보석도 무척 좋아하다 보니 속마음이 드러나고 말았다.

"화산에 보석도 있나요?"

"응, 화산 밑 깊숙한 곳의 조건들은 다이아몬드가 만들어지기에 아주 적절해! 남아프리카의 쇠약하고 침식된 화산들에서 오늘날 사용하는 대부분의 다이아몬드가 발견되었지."

우리는 화산 탐험의 마지막 지점인 오르신느에 도착했다. 거기서 맛있는 음식을 준비해 온 숙모와 다시 만났다. 그러나 정신은 모두 다른 곳에 가 있었다. 화산을 탐험하는 동안 15킬로미터 이상을 걷고, 화산 네 개를 기어올랐으니!

화산은 계속 된다

15년 후, 2026년 인도네시아 메라피 화산. 밤은 짧고, 고도가 2400미터로 높은 지역이라서 잠을 설쳤다. 게다가 캠핑카의 부르릉거리는 소리가 조용하게 잠든 작은 마을을 흔들었다. 시계가 새벽 3시를 알렸다.

자크 삼촌과 숙모, 우리는 짐꾼의 도움을 받으며 다시 등반을 시작했다. 여섯 시간 동안 힘들게 올라간 끝에 '불의 산'이라는 뜻을 가진 메라피 산 정상에 거의 다다랐다. 메라피 산은 최근에 가장 큰 폭발을 일으킨 화산 중 하나로, 풍경은 유황으로 뒤덮여서 레몬색이었다. 여전히 비행기 제트 엔진 같은 소리를 내며 가스를 뿜어냈다. 방독면을 썼는데도 눈과 목이 따가웠다. 화산은 지옥일까, 아니면 천국일까?

실험① 화산 모형을 만들자

재료

지점토

작은 페트병

탄산수소나트륨

세제

식초

석류 시럽이나 빨간색 잉크

실험하는 법

1. 지점토를 반죽해 화산 모형을 만들어 보세요.
2. 빨간 용암과 노란 유황 찌꺼기들이 흘러내린 것처럼 화산 모형을 장식해요.
3. 화산 모형 한가운데에 작은 페트병을 넣고, 분화구에 해당하는 구멍을 만드세요.
4. 병 속에 탄산수소나트륨과 세제 조금, 그리고 석류 시럽이나 빨간색 잉크를 넣으세요.
5. 화산이 분화할 수 있게 식초를 넣으세요. 식초는 가능하면 색이 없는 투명한 식초를 사용하세요!

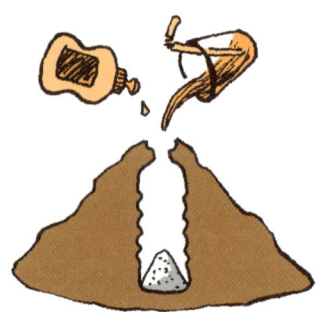

무엇을 관찰할 수 있나요?

부글거리며 많은 거품과 함께 붉은색 액체가 용암처럼 흘러나오게 됩니다. 탄산수소나트륨과 식초가 만나 반응하면서 압력이 높아지기 때문이지요.

화산 모형 실험은 위험하지는 않지만, 그래도 조심해야 합니다. 주변을 더럽힐 수 있으니까요. 바깥이나 실험에 적절한 장소에서 하는 게 좋습니다.

실험② 마그마 저수지를 만들자

재료

모래　　　　풍선　　　　막대 관

실험하는 법

1. 약간 젖은 모래를 쌓아놓으세요. 이 모래가 화산이랍니다.

2. 모래 더미 안에 구멍을 파고, 거기에다 막대 관을 꽂은 풍선을 넣으세요.

3. 풍선을 부풀리세요. 직접 불거나 공기 충전기를 사용하세요.

무엇을 관찰할 수 있나요?

풍선이 부풀자 쌓아놓은 모래의 경사면이 변하면서 갈라집니다. 표면에서 모래가 흘러내리기도 합니다.

세계의 화산들

약 3,500년 전
고대에는 유명한 화산 분화가 두 차례 있었다. 그리스의 산토리니 섬도 그중 하나이다.

1815년
인도네시아의 탐보라 산은 역사상 가장 큰 폭발로 가장 많은 인명을 빼앗아갔다. 9만 2000명의 희생자를 냈으며, 그 중 1만 2000명은 화산 분화로 죽었고, 나머지 8만 명은 식량 부족으로 죽었다.

79년
이탈리아의 베수비오 화산은 도시 폼페이를 파괴시켰다.

1883년

역시 인도네시아의 크라카토아 화산은 거대한 해일을 일으켜서 3만 6000명이 물에 빠져 죽었다.

1985년

콜롬비아의 네바도 델 루이스는 진흙이 흘러내려 여러 도시를 파묻는 바람에 2만 5000명이 죽었다.

1902년 5월 8일

마르티니크의 펠레 산은 생-피에르를 파괴시키고, 열운으로 그 지역 주민 2만 8000명을 죽게 했다.

1986년

카메룬의 니오스 호수는 탄소 가스 구름을 분출시켜서 1700명이 질식해 죽었다.

1991년

여러 화산에서 큰 규모의 분화가 있었지만, 비교적 희생자는 적었다. 왜냐하면 화산이 폭발할 것을 미리 알고 주민을 대피시켰기 때문이다. 필리핀의 피나투보 산도 그런 경우다.

1995년

소앤틸리스 제도의 몬트세라트 섬 화산은 아직도 계속 분화 중이다.

2008년, 2011년

칠레에선 2008년에는 차이텐 화산이, 2011년에는 푸예우에 화산이 폭발하였다.

용어사전

고도계
고도를 측정하는 기구이다. 높은 곳으로 올라갈수록 줄어드는 대기의 압력을 측정하여 고도를 알려준다.

광물
광물은 특징적인 형태와 색깔을 가진 물질이다. 예를 들어, 맑고 투명한 수정의 형태는 고른 육각형이다. 하지만 분홍색이나 자수정처럼 보라색을 띨 수도 있다. 광물의 크기는 다양해서 1미터 이상인 큰 광물도 있다. 암석은 다양한 색깔의 광물을 포함한다. 현무암은 직사각형의 검은색 휘석을 포함하기도 하고, 때로는 둥근 형태의 초록색 감람석을 포함하기도 한다.

수정

현무암

돔형 화산
화산을 모양에 따라 나누었을 때, 돔이나 방패처럼 둥그런 모양의 화산이다. 순상화산이라고도 한다. 하와이 섬의 화산이 대표적인 돔형 화산이며, 분화구가 없고 산의 경사가 완만하다.

마그마
땅속 깊은 곳에서 암석들이 뜨거운 열 때문에 녹아 있는 반액체 상태의 물질이다. 마그마는 땅속에서 천천히 식어서 굳지만 화산의 활동으로 땅 위로 터져 나오기도 한다. 이때 나온 마그마를 용암이라고 하는데, 마그마나 용암이 식어서 굳으면 화성암이 된다.

분화

마그마가 지각의 틈을 뚫고 지표면으로 분출하는 현상을 말한다.

화산의 분화는 그다지 큰 폭발이 일어나지 않고 조용하게 진행되는 분출형 분화와 심하게 폭발하며 연기와 재를 내뿜는 폭발형 분화로 나눌 수 있다.

분출형 분화

분출형 분화는 많은 양의 용암이 흘러내리며, 넓은 현무암 대지가 만들어지기도 한다. 하와이 칼리우에아 화산의 분화가 분출형 분화이다.

폭발형 분화는 용암은 많이 흘러내리지 않지만, 심하게 폭발하면서 많은 화산재와 열운이 나온다. 미국의 세인트헬레나 산과 마르티니크의 펠레 산이 대표적이다.

폭발형 분화

이 외에 많은 양의 용암이 흘러내리면서도 심하게 폭발하는 혼합형 분화도 있는데, 이탈리아의 베수비오 화산이 여기에 해당된다.

분화구

화산의 정상에 위치한 구멍이다. 산의 옆구리에 분화구가 있는 화산도 있다. 화산이 분화할 때 마그마가 나오는 곳이다.

스코리아

화산 분출물 중 하나로, 기공이라는 작은 구멍이 있는 암석이다. 꽤 가벼운 암석으로 검은색이나 불그스름한 색을 띤다.

쓰나미

화산 분출이나 지진으로 바다 속에서 지각 변동이 생겨 일어나는 해일이다. 지진해일이라고도 한다. 파도가 아주 빠르게 높아지고, 큰 피해를 주기도 한다.

열운
화산이 분화했을 때, 높은 온도의 가스와 암석, 재 등을 실어 나르는 구름 모양의 유동체를 말한다. 이동 속도가 빠르고 온도가 매우 높아 생물을 죽이고 집을 태운다.

우리나라의 화산
우리나라에는 지금 활동하는 화산이 없어 화산의 활동을 직접 관찰할 수는 없다. 하지만 백두산의 천지와 백두산 용암 대지, 제주도의 한라산과 오름, 울릉도의 나리 분지 등은 대표적인 화산 지형이다.

백두산 천지와 용암 대지
백두산 천지는 산 정상에 있는 함몰 화구인 칼데라로, 눈이 녹거나 빗물이 고여 호수가 되었다. 백두산 용암 대지는 동서 약 240킬로미터, 남북 약 400킬로미터에 달하는 넓은 현무암 지대이다.

제주도의 한라산과 오름
한라산은 돔형 화산처럼 경사가 완만하지만, 정상 부근에서 갑자기 경사가 급한 종상화산을 이룬다. 산 정상의 백록담은 화구호이고, 산기슭에 360여 개의 작은 기생화산이 있다. 제주도에 널리 퍼져 있는 기생화산들을 오름이라 한다.

울릉도의 나리 분지
울릉도는 동해의 바다 밑에서 분화한 종상화산이다. 섬 중앙에 칼데라 화구가 함몰하여 만들어진 나리 분지가 있다.

원뿔형 화산
화산을 모양에 따라 나누었을 때 뾰족한 모양의 화산이다. 성층화산, 원추화산이라고도 한다. 세계의 큰 화산은 대부분 원뿔형 화산이다. 대부분 정상에 분화구가 있다.

자연보호구역
생물다양성과 자연, 문화자원 등을 보호하고 유지하기 위해 특별히 지정한 곳이다. 자연보호구역을 찾는 사람들은 환경과 동식물들을 존중해야 한다. 쓰레기를 버리지 말아야 하고, 야생 동물들에게 겁을 주어서는 안 되며, 희귀한 식물을 채취해서도 안 된다.

조면암
화산암의 한 종류로 흰색, 검은색, 회색 등을 띤다. 감촉이 까칠까칠하고 얼룩무늬가 있다.

지진
땅속 깊은 곳에서 큰 변화가 생기면서 그 충격으로 땅이 흔들리는 것을 말한다. 흔들림이 지표면까지 느껴질 수도 있고, 때로는 매우 격렬하게 나타나 많은 인명과 재산에 피해를 준다.

지진계
지진으로 땅이 흔들리는 정도를 재는 기구이다. 지진기록계라고도 한다.

지질학자
땅이나 땅의 역사, 성분 등을 연구하는 과학자이다.

포졸란
불그스름한 색의 화산 찌꺼기이다. 이탈리아의 도시 나폴리 가까이에 있는 '포주올리'라는 도시 이름에서 비롯되었다.

현무암
화산에서 나오는 검은색이나 검은회색을 띠는 암석이다. 지표 부근에서 만들어진 것은 기포가 빠져나가 구멍이 많다.

화산
땅속 깊은 곳에서 만들어진 마그마가 지각의 약한 틈으로 분출하는 곳이다. 주로 산의 모양이 많지만, 오목하거나 갈라진 곳도 있다.

화산암
마그마가 지표로 분출되어 짧은 시간에 굳어진 암석이다. 분출암이라고도 한다. 대표적인 화산암으로 현무암, 안산암, 유문암 등이 있다.

화산재
화산이 내뿜은 고체 상태의 물질 중 아주 고운 화산암 부스러기이다. 지름 2밀리미터 이하를 말한다.

화산탄
화산이 내뿜은 화산 암석 조각이다. 크기는 몇 센티미터에서 몇 미터까지 다양하며, 모양도 동그란 것부터 타원형, 원반형 등 다양하다.

화산학자
화산과 화산의 분화를 전문으로 연구하고 감시하는 지질학자이다.

*용어사전은 〈교과서와 함께 보는 어린이 과학사전〉(열린어린이, 2006)의 도움을 받았습니다.

찾아보기

1년 동안 전 세계에서 분화하는 화산은 대략 몇 개일까? 30
가장 인명 피해가 많았던 화산 분화는? 33
공룡은 왜 멸종하였나? 35
다른 행성에도 화산이 있을까? 32
바다에도 화산이 있을까? 31
용암은 몇 도일까? 13
용암이 흐르는 걸 멈추게 할 방법이 있을까? 35
전 세계 활화산의 숫자는? 30
지금까지 가장 크게 분화한 화산은? 33
화산 분화에는 어떤 유형이 있을까? 41
화산에 보석도 있을까? 46
화산은 무엇에 이용될까? 45
화산은 섬도 만들까? 32
화산은 정말로 위험할까? 24, 25
화산의 용암은 어디에서 나오는 걸까? 40
화산이 분화하는 걸 미리 알 수 있을까? 27
화산이 없는 나라는? 30
화산이 많은 나라는? 30
화산이 지진을 일으킬까? 37
화산이 해일도 일으킬까? 36

고도계 16, 54
공룡 33, 35
광물 15, 45, 54
그리스 26, 51
기생화산 56
기포 12, 57
나리 분지 56
네바도 델 루이스 52
뉴질랜드 33
니오스 호수 52
다이아몬드 46
대서양 32
돔형 화산 54
레위니옹 섬 32
마그마 40, 50, 54, 55, 57, 58
메라피 화산 47
멕시코 39
목성 32
몬트세라트 섬 53
백두산 56
베수비오 화산 51, 55
분출형 분화 41, 55
분화구 11, 18, 38, 42, 44, 48, 54, 55, 56
불카노 18, 42
비너스 26, 27
산토리니 51
성층화산 56
세인트 헬레나 산 55

순상화산 54, 56
스코리아 12, 55
스트롬볼리 17, 42
쓰나미 36, 55
아소레스 제도 32
아이다 용암 13
아이슬란드 32
아킬레우스 27
안데스 산맥 16
에베레스트 16
에트나 산 35
앤틸리스 제도 32
열운 25, 41, 52, 55, 56
옐로스톤 33
오름 56
용암 12, 13, 18, 22, 35, 40, 41, 48, 49, 54, 55, 56
용암 대지 56
울릉도 32, 56
원뿔형 화산 11, 56
인도네시아 30, 33, 47, 51, 52
일본 30, 37
자연보호구역 19, 56, 57
제우스 27
제주도 56
조면암 22, 57
지열 45
지진 27, 37, 44, 55, 57
지진계 27, 57

지진해일 36, 55
지질학 15
지질학자 14, 15, 33, 35, 57
차이텐 화산 53
천지 56
칠레 53
카메룬 52
칼데라 56
칼리우에아 화산 55
콜롬비아 52
크라카토아 화산 52
키클롭스 26
타히티 섬 32
탐보라 화산 33
태평양 13, 30
파리우 화산 40
파리쿠틴 화산 39, 40
파키스탄 37
펠레 산 24, 25, 52, 55
펠레 유형 25, 42
포세이돈 27
포졸란 12, 57
폭발형 분화 41, 55
폼페이 33, 51
푸예우에 화산 53
플리니우스 42
피나투보 화산 33
필리핀 33, 53
하와이 유형 13, 41

한라산 56
해일 36, 52, 55
헤라클레스 27
헤파이스토스 26, 27
현무암 14, 15, 54, 56, 57, 58
화구호 56
화산 겨울 35
화산 퇴적물 33
화산암 12, 14, 15, 19, 39, 45, 57, 58
화산재 18, 24, 25, 35, 45, 55, 58
화산탄 17, 41, 58
화산학 15
화산학자 11, 14, 15, 26, 27, 42, 58
화성 32
활화산 30
휘석 15, 54

글 |자크-마리 바르댕제프

화산학자로, 대학에서 학생들을 가르치고 있습니다. 네 살 때 가족과 함께 산행을 하다가 영롱하게 반짝이는 석영과 방해석을 발견하고 충격을 받았습니다. 그 후 지구의 암석과 광물, 그리고 화석을 수집하기 시작했고, 전 세계의 화산을 기어오르며 과학과 모험을 연결하는 꿈을 꾸었습니다. 지금은 위험에 처한 전 세계의 자연을 찾아다니면서 조사하고 연구하고 있습니다. 이 책은 자연에 관심이 많은 청소년들과 함께 프랑스 오베르뉴 지방의 화산을 탐험한 후에 썼습니다.

그림 |방자맹 스트리클레

브뤼셀의 생-뤽 미술학교를 졸업하였습니다. 현재는 일러스트레이터로 여러 청소년 잡지와 어린이 책에 그림을 그리고 있습니다.

옮김 |이효숙

연세대학교 불어불문학과를 졸업하고, 프랑스 파리 소르본 대학에서 프랑스문학으로 석사와 박사학위를 받았습니다. 옮긴 책으로는 《방사능이 도대체 뭘까?》, 《어린이를 위한 식물의 역사와 미래》, 《지구 환경 챔피언》 등이 있습니다.

화산은 어떻게 폭발할까?

초판 1쇄 인쇄　2011년 9월 19일
초판 2쇄 발행　2015년 4월 3일

글	자크-마리 바르댕제프
그림	방자맹 스트리클레
옮김	이효숙
펴낸이	김경희
펴낸곳	도서출판 다산기획
등록	제16-465호
주소	(121-893) 서울 마포구 서교동 372-1 임오빌딩 502호
전화	02-337-0764　전송 02-337-0765

ISBN　　978-89-7938-058-3 74420

* 잘못 만들어진 책은 바꿔 드립니다.